Matemáticas

Primer grado RECORTABLE

Matemáticas. Primer grado. Recortable fue elaborado en la Dirección General de Materiales y Métodos Educativos de la Subsecretaría de Educación Básica y Normal de la Secretaría de Educación Pública

Supervisión técnica y pedagógica
Subsecretaría de Educación Básica y Normal
de la Secretaría de Educación Pública

Apoyo institucional
Departamento de Investigaciones Educativas del Centro de Investigación
y de Estudios Avanzados del Instituto Politécnico Nacional

Coordinación
David Francisco Block Sevilla
Irma Rosa Fuenlabrada Velázquez

Autores
David Francisco Block Sevilla
Alicia Lily Carvajal Juárez
Irma Rosa Fuenlabrada Velázquez
Norma Patricia Martínez Falcón

Colaboradores
Martha Dávila Vega
Juan Leove Ortega Pérez

Coordinación editorial (edición 2003)
Elena Ortiz Hernán Pupareli

Cuidado editorial (edición 2003)
Alfredo Giles-Díaz
Héctor Veyna Rodríguez

Supervisión técnico-editorial (edición 2003)
Alejandro Portilla de Buen

Formación (edición 2003)
Martín Aguilar Gallegos

Portada
Diseño: Comisión Nacional de Libros de Texto Gratuitos
Ilustración: *Pectoral con forma de escudo* o chimalli
Motivo: Greca escalonada o *xicalcoliuhque* (representa una estilización
de la serpiente de fuego, así como del viento y las olas)
Oro y turquesa, 7.7 x 8.3 cm, 46.19 g, cultura mixteca (posclásico tardío),
Yanhuitlán, Oaxaca
Museo Nacional de Antropología, México, D.F.
Reproducción autorizada: Instituto Nacional de Antropología e Historia
y Consejo Nacional para la Cultura y las Artes
Fotografía: Michel Zabé

Servicios editoriales (edición 1993)
Stega Diseño

Diseño gráfico (edición 1993)
María Teresa Ojeda Pesquera
Pablo Rulfo

Ilustración
Eduardo Contreras
Álvaro Laurel Valencia
Isabel Noriega Escurdia
María Teresa Ojeda Pesquera
Pablo Rulfo

Primera edición, 1993
Segunda edición, 1999
Tercera edición, 2003
Primera reimpresión, 2004 (ciclo escolar 2004-2005)

D.R. © Ilustración de portada: *Pectoral con forma de escudo* o chimalli/INAH-CNCA, México
D.R. © Secretaría de Educación Pública, 1993
    Argentina 28, Centro,
    06020, México, D.F.

ISBN 970-18-8417-5

Impreso en México
DISTRIBUCIÓN GRATUITA-PROHIBIDA SU VENTA

Maestros
y padres de familia

En los primeros grados de la educación básica la mayor parte de los contenidos matemáticos se introducen con diversas actividades en las que es necesario usar material concreto para que los alumnos avancen en la construcción de sus conocimientos. Por tal razón, la Secretaría de Educación Pública ha incluido entre los materiales de apoyo para el primer grado este cuaderno de material recortable con el que pueden llevarse a cabo la mayoría de las actividades que se proponen en el libro de texto del alumno y en el fichero de actividades didácticas con que cuenta el maestro.

El material que contiene este cuaderno es de dos tipos: el que se pega en el libro de texto después de haber realizado una actividad y el que debe conservarse porque se utiliza frecuentemente a lo largo del año. El primero se identifica con la leyenda *material recortable para lecciones* y se encuentra numerado (del 1 al 14) en las primeras siete hojas del cuaderno. Junto al número que le corresponde a cada uno de estos materiales se indica la página del libro de texto en la que se utilizará.

Con la leyenda *material recortable para actividades* se identifica el material que utilizarán los alumnos durante todo el año escolar. Este material está numerado del 15 al 34 y deberá tenerse recortado en el salón de clases para que pueda ser utilizado en el momento que sea necesario.

Para un mejor uso del material recortable para actividades conviene que el maestro, desde los primeros días de clase y con ayuda de los padres de familia, lo recorte, lo organice y lo guarde en sobres, anotando el nombre y el número del material que contiene cada sobre. No es conveniente que los niños lo recorten, porque se requiere que esto se haga con precisión para que el material pueda usarse adecuadamente.

Recortable 3, para la página 19.

Recortable 2, para la página 17.

Recortable 1, para la página 13.

MATERIAL RECORTABLE PARA LECCIONES

Recortable 7, para la página 33.

 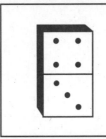  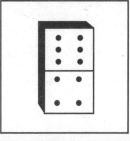

Recortable 6, para la página 32.

  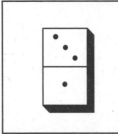 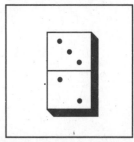

Recortable 5, para la página 30.

Recortable 4, para la página 20.

MATERIAL RECORTABLE PARA LECCIONES

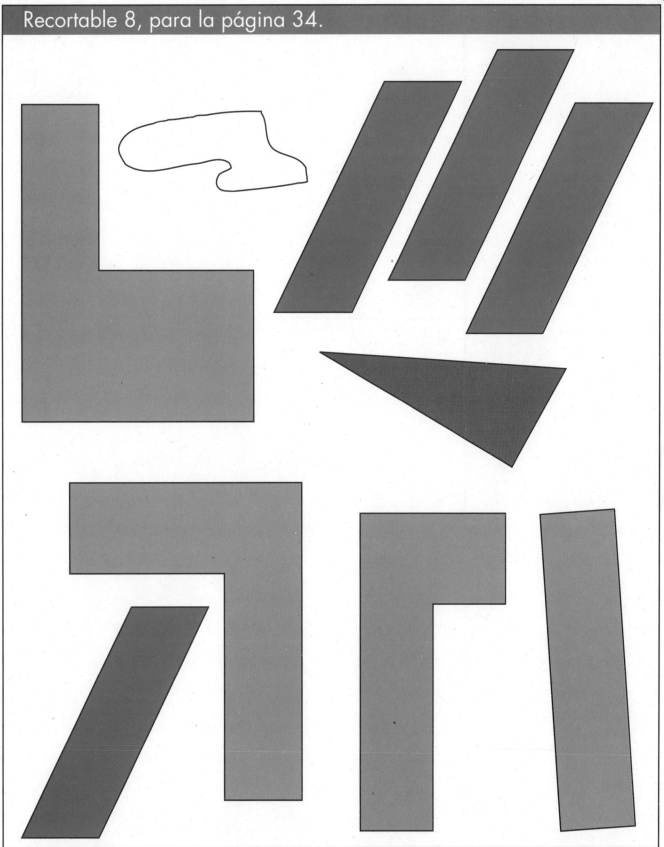

Recortable 10, para la página 63.

Recortable 9, para la página 49.

Recortable 8, para la página 34.

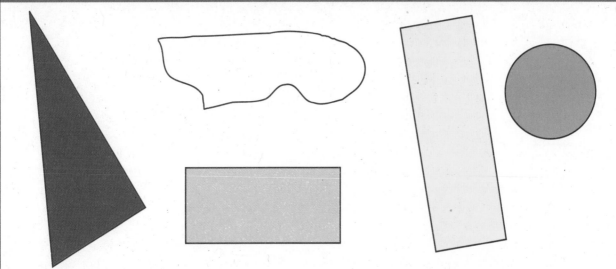

Recortable 13, para la página 122.

$7-3=4$ $4+3=7$ $4+4=8$ $12-3=9$

Recortable 12, para la página 121.

Recortable 11, para la página 81.

15 goles | 10 goles | 12 goles | 9 goles | 11 goles | 8 goles | 14 goles

Recortable 14, para las páginas 148 y 149.

Día del trabajo	Examen	Honores a la bandera
Honores a la bandera	Estuve enfermo	Cumpleaños
Honores a la bandera	No vine a clases	Día de la madre
Cumpleaños	Hoy fue un día excelente	Hoy fue un día muy triste

¡Por fin viernes!	Examen	¡Por fin viernes!
Honores a la bandera	Estuve enfermo	Cumpleaños
Examen	Hoy fue un día excelente	Festival del día de la madre
Cumpleaños	Día del maestro	Batalla de Puebla

Recortable 15. ¿A dónde van?

Recortable 16. La fila para los boletos.

Recortable 18. ¡Empieza la función!

Recortable 19. Los animales del circo.

Recortable 21. Cuadrados bicolores.

Recortable 22. Cuadrados bicolores.

Recortable 23. Los lápices y los pinceles.

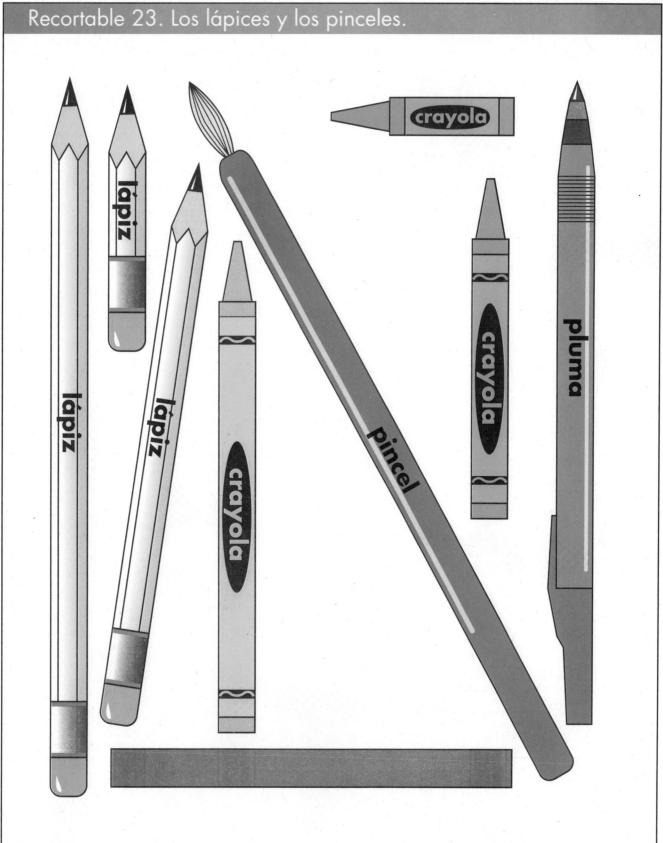

Recortable 24. Las figuras.

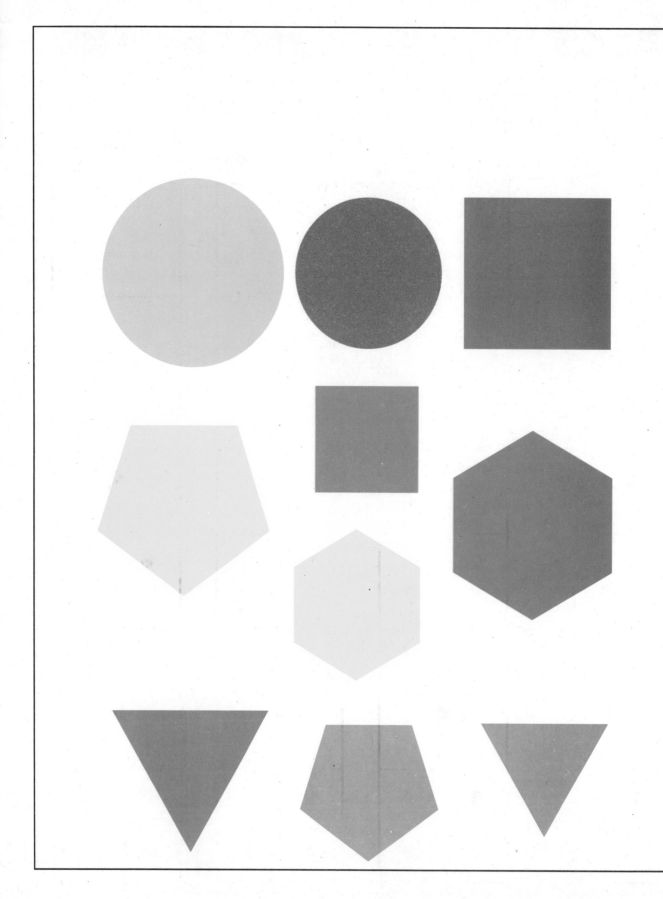

Recortable 26. Monedas.

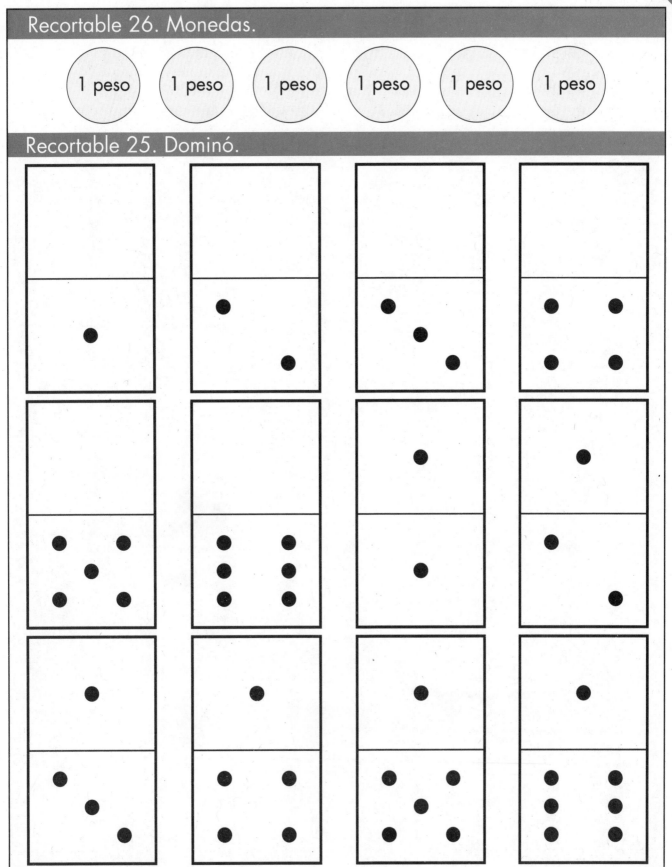

1 peso 1 peso 1 peso 1 peso 1 peso 1 peso

Recortable 25. Dominó.

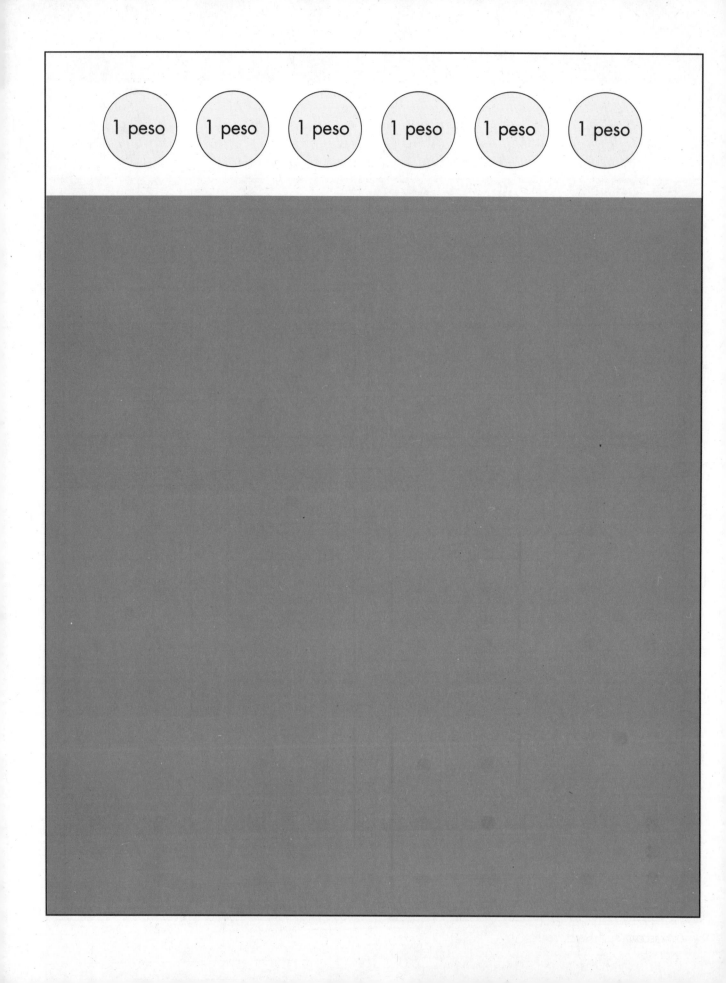

Recortable 26. Monedas.

(1 peso) (1 peso) (1 peso) (1 peso) (1 peso) (1 peso)

Recortable 25. Dominó.

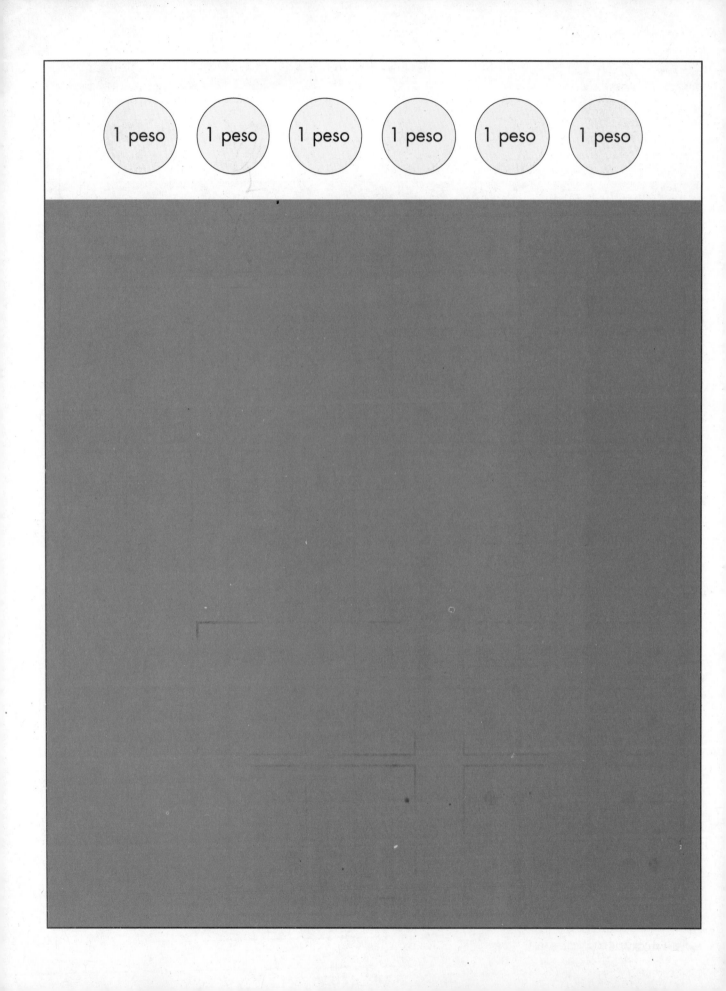

Recortable 27. Tarjetas número-colección.

Recortable 26. Monedas.

Recortable 25. Dominó.

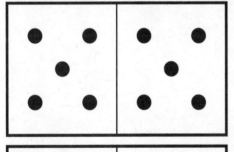
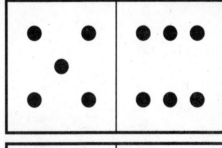

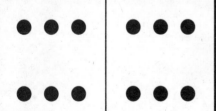
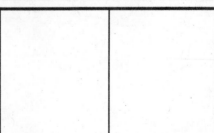

2	1
4	3

(1 peso) (1 peso) (1 peso) (1 peso) (1 peso) (1 peso)

(1 peso)

(1 peso)

Recortable 27. Tarjetas número-colección.

Recortable 26. Monedas.

10 pesos	10 pesos	10 pesos	10 pesos	10 pesos
10 pesos	10 pesos	10 pesos	10 pesos	10 pesos

6	5
8	7
10	9

| 10 pesos | 10 pesos | 10 pesos | 10 pesos | 10 pesos |
| 10 pesos | 10 pesos | 10 pesos | 10 pesos | 10 pesos |

Recortable 29. Dados.

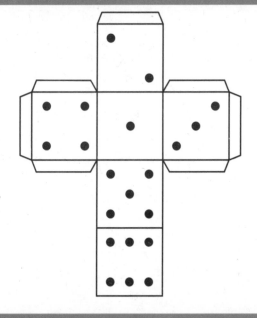

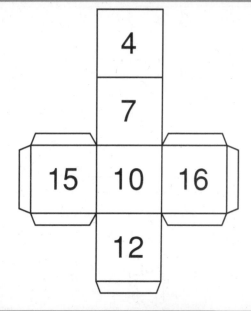

Recortable 28. Tangram.

Recortable 30. Tarjetas con sumas.

4 + 4	7 + 3	7 + 2	6 + 1
6 + 2	5 + 5	6 + 3	3 + 4
3 + 5	8 + 2	4 + 5	5 + 2

7	7	7
6	6	6
10	10	10
8	8	8

Recortable 32. Tabla para cantidades hasta 99.

10	20	30	40	50	60	70	80	90
1	2	3	4	5	6	7	8	9

Recortable 31. Fichas de unidades y decenas.

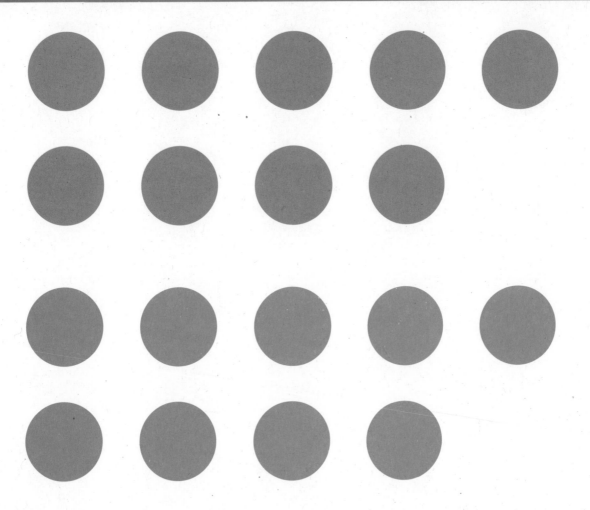

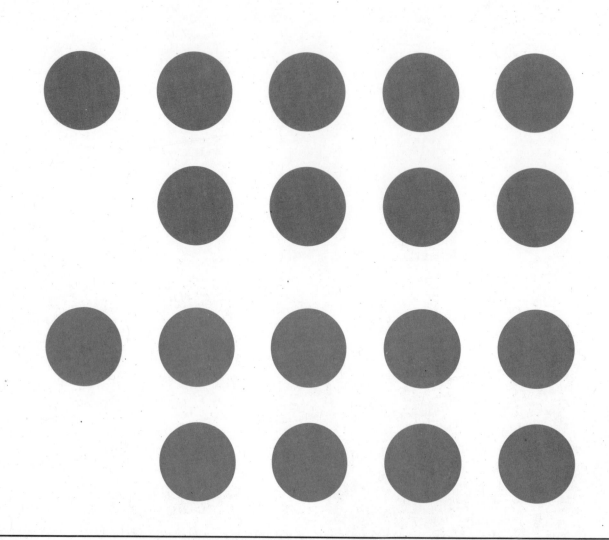

Recortable 33. Contador.

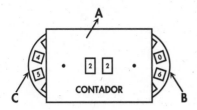

Instrucciones
para armar el contador

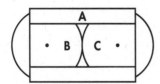

Por adelante

Por atrás

- En la pieza "A" se recortan las dos ventanas.

- Se doblan hacia atrás las dos pestañas de la pieza "A".

- Se hacen pequeños orificios en las partes indicadas con una cruz en las tres piezas "A", "B", "C".

- Las piezas "B" y "C" se colocan dentro de la pieza "A".

- Se hacen coincidir los orificios de las piezas "B" y "C" con los orificios de la pieza "A".
  Se pasa un pedacito de estambre a través de los orificios y se anuda en los extremos para que las piezas "B" y "C" puedan girar.

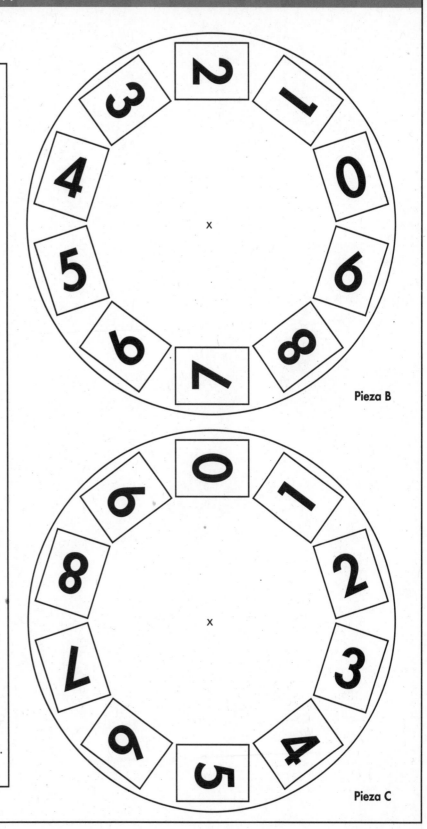

Pieza B

Pieza C

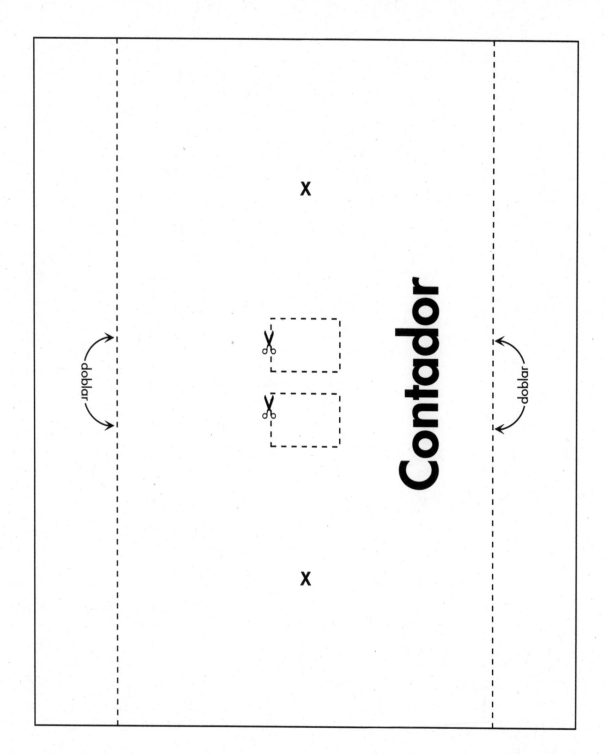

X

Contador

X

doblar

doblar

Pieza A

Recortable 34. El caminito.

1
2
3
4
5
6
20
21
22
23
24
25
26
27
28
29
30
31
32
46
47
48
49
50
51

Instrucciones para armar el caminito.

- Se recorta esta hoja y las tres siguientes.
- Se pegan las cuatro hojas uniendo las partes sombreadas.

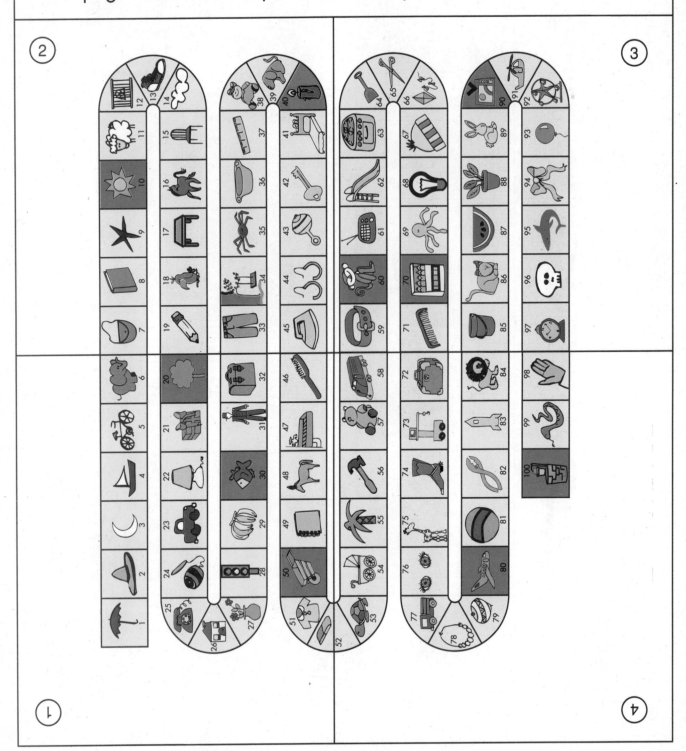

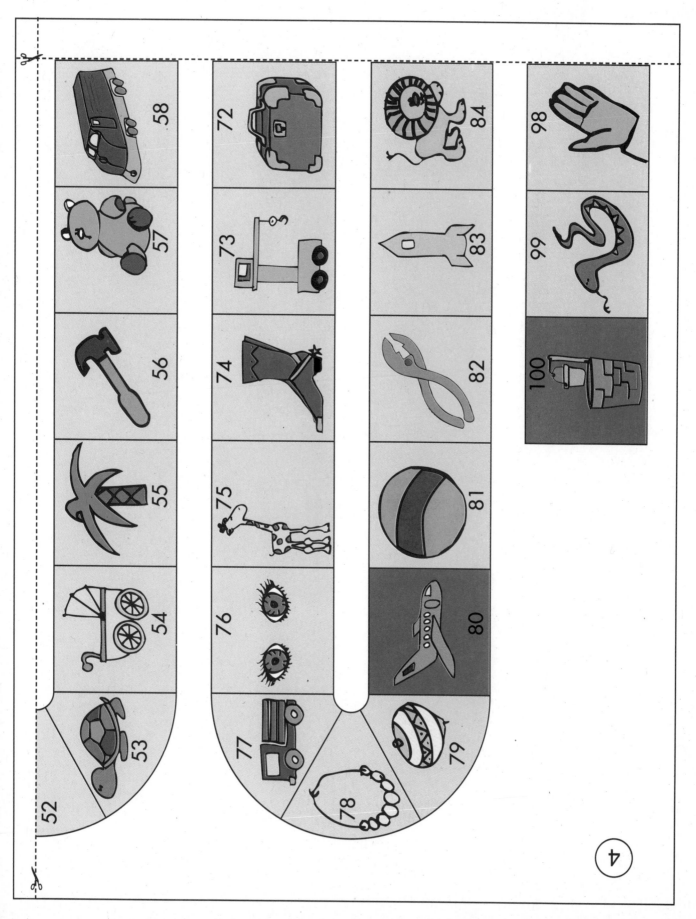

Matemáticas. Primer grado.
Recortable
Se imprimió en los talleres de la Comisión Nacional de Libros
de Texto Gratuitos, con domicilio en Av. Acueducto No. 2,
Parque Industrial Bernardo Quintana, C.P. 76246, El Marqués, Qro.,
en el 45° aniversario de su creación,
el mes de septiembre de 2004.
El tiraje fue de 100,000 ejemplares
más sobrantes de reposición, sobre papel offset reciclado
con el fin de contribuir a la conservación del medio ambiente,
al evitar la tala de miles de árboles
en beneficio de la naturaleza y los bosques de México.

Impreso en papel reciclado